小跳豆 Jumping Bean 幼兒生活體驗故事系列

我去看醫生

U0114879

新雅文化事業有限公司
www.sunya.com.hk

小跳豆
幼兒生活體驗故事系列

跟着跳跳豆和糖糖豆一起經歷成長之旅！

　　幼兒在成長的過程中，必會遇到大大小小的難題。有些孩子害怕上學，有些孩子會嫉妒弟妹，有些孩子不懂得和別人相處……爸爸媽媽可以怎樣幫助孩子克服這些困難和不安感呢？

　　《小跳豆幼兒生活體驗故事系列》共 6 冊，透過跳跳豆和糖糖豆的日常生活經歷，帶領孩子學習面對不同的情況，例如在上學的第一天、交朋友、看醫生、迷路、添了小妹妹（或小弟弟）和出現偏食問題的時候，怎樣適當地處理和改善。

　　書後設有「親子小遊戲」，以有趣的形式幫助孩子學習處理各種難題的方法。「成長小貼士」提供一些實用性的建議予家長，告訴家長當孩子面對心理困擾時，可以怎樣從旁給予孩子引導和幫助，使孩子成為一個愉快、勇敢、自信的好孩子。

讓親子閱讀更有趣！

　　本系列屬「新雅點讀樂園」產品之一，若配備新雅點讀筆，爸媽和孩子可以使用全書的點讀和錄音功能，聆聽粵語朗讀故事、粵語講故事和普通話朗讀故事，亦能點選圖中的角色，聆聽對白，生動地演繹出每個故事，讓孩子隨着聲音，進入豐富多彩的故事世界，而且更可錄下爸媽和孩子的聲音來說故事，增添親子閱讀的趣味！

　　「新雅點讀樂園」產品包括語文學習類、親子故事和知識類等圖書，種類豐富，旨在透過聲音和互動功能帶動孩子學習，提升他們的學習動機與趣味！

想了解更多新雅的點讀產品，請瀏覽新雅網頁(www.sunya.com.hk)或掃描右邊的QR code進入 。

如何使用新雅點讀筆閱讀故事？

1. 下載本故事系列的點讀筆檔案

1. 瀏覽新雅網頁(www.sunya.com.hk) 或掃描右邊的QR code 進入  。

2. 點選 下載點讀筆檔案 ▶ 。

3. 依照下載區的步驟說明，點選及下載《小跳豆幼兒生活體驗故事系列》的點讀筆檔案至電腦，並複製至新雅點讀筆的「BOOKS」資料夾內。

2. 啟動點讀功能

開啟點讀筆後，請點選封面右上角的 圖示，然後便可翻開書本，點選書本上的故事文字或圖畫，點讀筆便會播放相應的內容。

3. 選擇語言

如想切換播放語言，請點選內頁右上角的 粵 ☆ 普 圖示，當再次點選內頁時，點讀筆便會使用所選的語言播放點選的內容。

4. 播放整個故事

如想播放整個故事，請直接點選以下圖示：

5. 製作獨一無二的點讀故事書

爸媽和孩子可以各自點選以下圖示，錄下自己的聲音來說故事！

1. 先點選圖示上爸媽錄音 或 孩子錄音 的位置，再點 OK，便可錄音。

2. 完成錄音後，請再次點選 OK，停止錄音。

3. 最後點選 ▶ 的位置，便可播放錄音了！

4. 如想再次錄音，請重複以上步驟。注意每次只保留最後一次的錄音。

這天，糖糖豆醒來，
覺得全身發熱，
很不舒服，
她「哇」的一聲，
哭了起來。

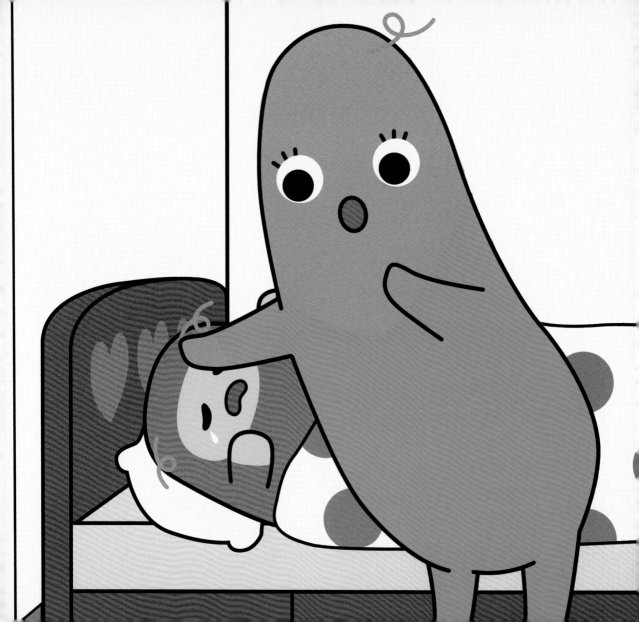

媽媽聽到哭聲，走進來，
摸了一下糖糖豆的前額，説：
「你發燒了！我帶你去看醫生，
很快便會沒事了。」

吃了早餐，
媽媽帶糖糖豆去看醫生。
診所裏，
有大人，也有小孩。

一個和藹可親的護士姐姐，
替糖糖豆登記姓名，
還為她量體溫。

過了一會兒，
糖糖豆聽見護士姐姐叫自己的名字。
媽媽便領着她走進一個房間。
房間裏坐着一個醫生。

醫生問糖糖豆哪兒不舒服，
又問了媽媽一些問題，
然後替糖糖豆做檢查。

醫生叫糖糖豆張開口，
替她檢查喉嚨。
糖糖豆照着做，
醫生讚她說：
「糖糖豆真乖！」

接着，
醫生替糖糖豆檢查肚子，
問她説：
「糖糖豆，你覺得肚子痛嗎？」
「不痛。」糖糖豆回答道。

醫生告訴糖糖豆，
她只是着了涼，有些發燒；
打針，吃藥，
多喝水，多睡覺，
休息幾天就會好的。

糖糖豆害怕打針，護士姐姐說：
「打針就像給螞蟻咬了一口，
不會很痛的。」
護士姐姐用針輕輕地扎了糖糖豆的
手臂一下。
糖糖豆說：
「真的不是很痛呢！」

回家後，
媽媽給糖糖豆吃藥。
糖糖豆覺得藥水的味道甜甜的，
不太難喝。
媽媽告訴糖糖豆，說：
「小孩子不可以自己拿藥吃，
要媽媽看過才行，
因為吃藥不可以過量。」
糖糖豆聽了點點頭。

吃過藥，喝了一杯水，
糖糖豆便上牀睡覺。
現在，她覺得舒服多了。

親子小遊戲

小朋友，如果生病了，我們應該怎樣做呢？在正確做法的 ☐ 內加 ✔。

1.

多喝水

2.

多休息

3.

去看醫生

4.

準時吃藥

成長小貼士

孩子生病了，害怕去看醫生，怎麼辦？

🫘 父母帶孩子去看醫生之前，可以把將要發生的情況，詳細地告訴孩子，說一說診所和醫院與家裏或普通地方的不同之處，例如：我們要在候診室等一會兒，見醫生時可能要脫掉衣服讓醫生給你做檢查，護士姐姐會為你量體溫等。如果孩子知道將要發生什麼事情，有一些心理準備，就比較容易把對自己父母的信任感，轉移到即將照顧他的醫生、護士身上。

🫘 看病時，父母可以採用轉移孩子注意力的方法，來減輕孩子的恐懼，例如讓孩子帶上最喜歡的玩具和書籍，還可以為孩子準備果汁、水等來安撫情緒。

🫘 要相信孩子的勇氣，鼓勵孩子勇敢地去面對。同時，也可以通過樹立榜樣，例如讚揚醫院中表現比較好的小朋友來激發孩子的信心與勇氣。

小跳豆幼兒生活體驗故事系列

我去看醫生

原著：辛亞

改編：新雅編輯室

繪圖：何宙樺

責任編輯：趙慧雅、楊明慧

美術設計：劉麗萍

出版：新雅文化事業有限公司

香港英皇道499號北角工業大廈18樓

電話：(852) 2138 7998

傳真：(852) 2597 4003

網址：http://www.sunya.com.hk

電郵：marketing@sunya.com.hk

發行：香港聯合書刊物流有限公司

香港荃灣德士古道220-248號荃灣工業中心16樓

電話：(852) 2150 2100

傳真：(852) 2407 3062

電郵：info@suplogistics.com.hk

印刷：中華商務彩色印刷有限公司

香港新界大埔汀麗路36號

版次：二〇二一年七月初版

二〇二二年六月第二次印刷

ISBN: 978-962-08-7739-1